Sinnzusammenhänge im modernen Wettbewerbsrecht

Ein Beitrag zum Aufbau des Wettbewerbsrechts

von

Dr. Eugen Ulmer
Professor der Rechte an der Universität Heidelberg

Springer-Verlag Berlin Heidelberg GmbH 1932

ISBN 978-3-662-31869-0 ISBN 978-3-662-32696-1 (eBook)
DOI 10.1007/978-3-662-32696-1

Vorwort.

Die folgenden Blätter enthalten meine am 14. November 1931 in Heidelberg unter dem Thema „Sinnzusammenhänge im modernen Wettbewerbsrecht" gehaltene Antrittsvorlesung. Als einen „Beitrag zum Aufbau des Wettbewerbsrechts" übergebe ich sie einer erweiterten Öffentlichkeit, um anzudeuten, daß sie mithelfen will an einer Überwindung der Nöte in Theorie und Praxis des Wettbewerbsrechts. Das Verhältnis zu meiner Schrift „Warenzeichen und unlauterer Wettbewerb" ist auf S. 31 Anm. 37 gekennzeichnet.

Gegenüber der Rede ist im Druck einiges erweitert, vor allem ist das Gesagte durch Anmerkungen ergänzt worden. Im ganzen ist aber Aufbau und Stil der Rede beibehalten.

Heidelberg, im November 1931.

EUGEN ULMER

Stellt man die Frage nach der Zukunft moderner Handelsrechtswissenschaft und ihrer Pflege auf deutschen Universitäten, so werden sich Zweifler melden, geneigt, die Zeichen der Zeit kritisch zu deuten. Das Schwergewicht, das heute auf der Rechtsfortbildung durch den Richter liegt, die zunehmende Bedeutung, die die Präjudizien gewinnen, scheinen die Bewertung und das Streben nach wissenschaftlich-systematischer Deutung in den Hintergrund zu drängen. Die heute Gemeingut gewordene Erkenntnis, daß die Vertrautheit mit dem Stoff, zu dessen Formung das Recht berufen ist, d. h. im Handelsrecht die Beherrschung der Tatsachen des Wirtschaftslebens, die unerläßliche Voraussetzung für eindringendere juristische Arbeit ist, läßt, jedenfalls bis der Theoretiker seine Methode dieser Erkenntnis entsprechend umgestellt hat, den Praktiker als u. U. berufeneren Deuter des Handelsrechts erscheinen. Es ist kein Zufall, daß auf weiten Gebieten modernen Handelsrechts, wie etwa im Recht von den Unternehmenszusammenfassungen, heute der Praktiker, der Richter und besonders der Anwalt, literarisch die Führung hat. — Trotzdem bin ich nicht der Meinung, daß die Zweifler recht behalten werden. Die der Wissenschaft notwendige Umstellung der Methoden ist weithin bereits erfolgt. Von einer Minderung des Wertes wissenschaftlich-systematischer Arbeit durch die zunehmende Bedeutung des Richterrechtes kann m. E. höchstens für eine kurze Übergangszeit die Rede sein. Ich halte es für typisch, daß in dem Gebiet, aus dem ich das Thema für heute gewählt habe, im Wettbewerbsrecht, in dem die Rechtsfortbildung durch die richterliche Rechtsprechung vielleicht am weitesten fortgeschritten ist, immer vernehmlicher bereits der Ruf aus der Praxis ertönt nach einer Sichtung und Deutung der Fülle der Präjudizien, in deren Bann die klare Linie auch der Rechtsprechung verloren zu gehen droht[1]. Es wäre undeutsch, wenn je dieser Ruf nach dem System ausbliebe.

Freilich die Theorie ist nicht die dienende Magd der Praxis, die, nun zur Stelle gerufen, die zerstreuten Elemente sauber geordnet in den Kasten stellt. Sie könnte bei solcher Einstellung auch der Schwierigkeiten nicht Herr werden. Aber sie kann, wenn sie, ihren eigenen Gesetzen getreu, das Wesentliche an den Normen zu ergründen versucht, zu Ergebnissen gelangen, die auch der Not der Praxis steuern. Konkret gesprochen: Es müssen — gerade auch im Wettbewerbsrecht — namhafte Schwierigkeiten[2] überwunden werden, bevor eine ordnende Tätigkeit möglich erscheint. Es gilt unverwandt der Satz des Meisters JOSEPH KOHLER[3]: „Die Unredlichkeit“, der der Kampf des Wettbewerbsrechts gilt, „ist ein Proteus, der sich in tausend Formen flüchtet und gerade die gesetzlich verpönten Gestalten vermeidet, um in unzähligen Verkleidungen dem loyalen Verkehr die Früchte seiner redlichen Bemühungen abzujagen.“ Die Technik des deutschen Gesetzes ist dieser Lage angepaßt, insofern den einzelnen

---

[1] Siehe besonders die Forderung HERMANN ISAYS nach der Normenbildung im Wettbewerbsrecht in G. R. U. R. 1928, 71ff. und in „Rechtsnorm u. Entscheidung“ (Berlin 1929) S. 175f.; ferner BAUMBACHS Ruf nach einer Systematik (Komm. z. Wettbewerbsrecht (Berlin 1929) S. 508ff.; ZBH. 1931, 18f).

[2] Das betont auch BAUMBACH: Komm. S. 509. In seiner eigenen „Systematischen Übersicht“ ist durch die Einteilung in „Wettbewerbsverstöße durch eine greifbare Förderung des eigenen Betriebs“ und „Wettbewerbsverstöße durch Behinderung des fremden Betriebs“ ein wesentlicher Gegensatz betont (s. unten S. 20 Anm. 21); im übrigen hat die Darstellung den Wert, ihm eine kurze Zusammenfassung des zuvor bei der Kommentierung Gesagten zu ermöglichen.

[3] Recht des Markenschutzes 1884, 60.

gegen Unlauterkeiten gerichteten Spezialnormen eine Generalklausel vorangeschickt wird, wonach alle Wettbewerbshandlungen, die gegen die guten Sitten verstoßen, verboten sind. Und nun ist gewiß, daß systematische Deutung sich auf die Dauer dabei nicht beruhigen kann, daß sie die Generalklausel auflösen muß in Normen, die da und dort mit den bereits gesetzlich erfaßten Einzelnormen sich wieder zu höherer Einheit verbinden. Aber Voraussetzung zum Gelingen eines solchen Tuns und zur Vermeidung der Gefahr der Unvollkommenheit ist es, die richtigen Fragestellungen zu finden, auf Grund deren das Wesentliche in den wettbewerbsrechtlichen Normen sich erschließt.

Wenn wir uns dieser Aufgabe zuwenden, so können wir eine Frage als endgültig beantwortet betrachten. Es ist die Frage nach dem Gegenstand, den das Wettbewerbsrecht schützt. Noch immer scheint zwar ein altvertrauter Gegensatz in der Theorie lebendig. Den einen, die sich auf KOHLER, auf LOBE, auf OTTO GIERKE stützen, ist Wettbewerbsrecht Persönlichkeitsrecht, der geschützte Gegenstand die Persönlichkeit in ihrer gewerblichen Betätigung. Den anderen, der moderneren Richtung, ist Wettbewerbsrecht Immaterialgüterrecht[4], das geschützte Rechtsgut nicht die Person, sondern das Unternehmen. Aber sieht man näher zu, so zeigt sich, daß es wenig Sinn hat, über diese Dinge zu streiten. Es ist vielmehr eine Eigentümlichkeit unserer Begriffsbildung, daß wir es vermögen, das gewerbliche Tätigsein des Menschen von ihm abzuspalten und es zum bestimmenden Grund zu machen für den Begriff des Unternehmens, eines Inbegriffs von Gegenständen, Rechten, Beziehungen usw., geeint durch den ihm im Dienste bei gewerblicher Betätigung bestimmten Zweck, ohne den er seinen Sinn verliert. Man folgt

---

[4] Siehe besonders CALLMANN: Der unlautere Wettbewerb, Komm. z. UWG. 1929, 23ff. — BAUMBACH: Komm. S. 125ff.

nur dieser Begriffsbildung, wenn man nicht mehr die Persönlichkeit in ihrer gewerblichen Betätigung, sondern das Unternehmen als geschützten Gegenstand bezeichnet. Für das Wettbewerbsrecht im besonderen muß man aber ein Weiteres im Auge behalten: Das angegriffene Gut kann zwar in der Regel, aber nicht stets als Unternehmen bezeichnet werden. Auch wer nur einmal im geschäftlichen Verkehr auftritt (der Autor, der nur einmal ein Buch veröffentlicht), ist gegen Angriffe von Mitbewerbern geschützt. So wird man, will man zu einheitlicher Bestimmung kommen, umfassender definieren, als geschützt sowohl die geschäftliche Betätigung einer Person, wie die Einheiten, in denen sie sich objektiviert (die Unternehmen), bezeichnen müssen.

I.

Die Grundfrage, die wir heute an das Wettbewerbsrecht zu stellen haben, muß diese Antwort als gegeben nehmen. Sie wird lauten: Nach welchen Prinzipien schützen wir im Wettbewerbsrecht die geschäftliche Betätigung, das Unternehmen insbesondere? Oder genauer: Welche Prinzipien möglicher Wirtschaftsordnung kommen im heutigen Wettbewerbsrecht zum Ausdruck?

Der Wettbewerbsbegriff kommt ja heute zum Volkswirt beladen mit einer Fülle von Problemen: das System freier Konkurrenz ist mannigfaltig durchbrochen. Durchbrochen durch die Machtstellung monopolistischer Einzelunternehmungen, durchbrochen vor allem durch planmäßig auf Ausschaltung freien Wettbewerbs bedachte Organisationen. Der Staat in seiner immer stärker werdenden Tendenz zur Beeinflussung privater Wirtschaft arbeitet zum Teil auf Mehrung der gebundenen, zum Teil umgekehrt auf Wiederherstellung der freien Konkurrenz. Freilich: das Wettbewerbsrecht, wie es für den deutschen Juristen bestimmt ist durch das Anwendungsgebiet des Gesetzes gegen den unlauteren Wettbewerb vom 7. 6. 1909 und einiger verwandter Normen[5], hat nicht die Aufgabe, die rechtliche Ordnung all der genannten Probleme der Wirtschaft zu bringen. Es ist nicht die Wettbewerbsordnung schlechthin. Die Bindungen im Wettbewerb, die auf Verträgen oder der Satzung von Verbänden beruhen

[5] Insbesondere der §§ 823, 824, 826 BGB. und der Bestimmungen des WZG.; die dem Text zugrunde liegende Abgrenzung des Begriffs „Wettbewerbsrecht" dürfte die herrschende sein. Sie ist, so wie an Hand der Gesetzgebung die Probleme uns gestellt sind, m. E. die zweckmäßigste. Es wäre natürlich auch möglich, aber wohl nicht zu empfehlen, weiteres, wie etwa das Kartellrecht, in das Wettbewerbsrecht hereinzunehmen.

(das innere Kartellrecht vor allem), scheiden für den Juristen aus dem Wettbewerbsrecht ebenso aus, wie die auf Sondergesetz beruhenden Wettbewerbsregelungen etwa in der Kohlen- oder Kaliwirtschaft. Die Aufgabe unseres Wettbewerbsrechts ist, da, wo Verträge, Satzungen, Sondergesetze fehlen, die Schranken zu bestimmen, m. a. W. das Mindestmaß der der Konkurrenz zu setzenden Schranken festzulegen. Daraus begreift sich leicht, daß der Umfang dessen, was dem Wettbewerbsrecht zu ordnen aufgegeben ist, abhängt von dem Maß, in dem die sonderrechtliche Regelung eingreift. Bevor die Kartellverordnung des Jahres 1923 erging, war es ausschließlich Sache des Wettbewerbsrechts, die Beziehungen zwischen dem Kartell und den nicht durch Vertrag gebundenen Außenseitern zu regeln; heute ist diese wettbewerbsrechtliche Regelung zum Teil durch diejenige des Kartellrechts abgelöst.

Es ist also nur ein Teilgebiet, für das wir die Frage stellen, nach welchen Wirtschaftsprinzipien die rechtliche Gestaltung ausgerichtet ist; ein Teilgebiet, in dem wir als Juristen eine Spiegelung unserer Wirtschaftsordnung suchen, in dem uns die Rechtsprechung die Antwort geben soll auf die nüchterne Frage des: Wo stehen wir heute? Und da ist die nächstliegende Antwort: die rechtliche Ordnung in diesem Teilgebiet ist ausgerichtet nach dem Grundsatz der freien Konkurrenz. Wenn durch das Wettbewerbsrecht Unlauterkeiten wie Irreführungen, Bestechungen, Geheimnisverrat usf. verboten werden, so handelt es sich dabei um die Reinhaltung der Wettbewerbsmethoden, die Ausscheidung der Formen, die das Ergebnis des freien Kampfs wirtschaftlicher Tüchtigkeit verfälschen — ganz ebenso wie beim sportlichen Kampf die unfairen Handlungen hintangehalten werden müssen. Verweilen wir einen Augenblick bei diesem Zusammenhang zwischen dem Prinzip freier Konkurrenz und dem Verbot der Unlauterkeiten, und suchen wir ihn näher zu deuten, so erweist sich uns als getreuer Führer ADOLF LOBE, der vor nun fast 25 Jahren eine heute zu Unrecht weithin vergessene systematische Deutung des Wettbewerbsrechts versucht hat[6]. Im Bilde sportlichen Wettkampfs hat er das Wettbewerbsrecht zu begreifen versucht: wir finden Beispiele, wie: „gesetzt, es findet ein Wettrudern statt, wollte sich hierbei eine Partei außerdem noch heimlich der treibenden Kraft eines versteckten Motors bedienen, so wäre das auf ihrer Seite zweifellos unlauteres Wettrudern“[7]. Und das andere: „Findet ein Pferdewettrennen statt, und der eine lockert das Hufeisen beim Pferde des Gegners, so daß dieses es unterwegs verliert und nun unter erschwerten Umständen weiterrennen muß, so stehen nicht mehr im Vergleich, wie vorausgesetzt, zwei Pferde je mit guten Hufeisen, die ihre Kräfte ungehindert gebrauchen können, sondern zwei Pferde, von denen das eine zwar ungehindert, das andere aber gehindert rennt“[8]. Auf Grund solcher Beispiele kommt LOBE für alle Wettbewerbsarten zu einer einheitlichen Bestimmung der Lauterkeit, als deren Sinn uns gelten mag, daß lauter ein Wettbewerb nur dann ist, wenn die zur Vergleichung stehende Tätigkeit rein zur Entfaltung kommt[9]. Und steht nun im gewerblichen Wettbewerb auf der durch die Besitzverteilung und die Möglichkeiten des Kapitaleinsatzes gegebenen Grundlage die wirt-

[6] LOBE, ADOLF: Der unlautere Wettbewerb als Rechtsverletzung 1907. (Die Bekämpfung des unlauteren Wettbewerbs, Bd. I.) Ihm gegenüber liegt die Stärke von KOHLERS Werk (Unlaut. Wettbewerb 1914) nicht sowohl in der Systematik (seine Einteilung in „Irreleitungen“ und „Feindseligkeiten“ enthält keine scharfen Gegenüberstellungen, sie ist auch nicht erschöpfend), als vielmehr in dem Weitblick, mit dem er die Einzelprobleme gemeistert hat.

[7] A. a. O. S. 8.

[8] A. a. O. S. 9.

[9] LOBE (a. a. O. S. 10) drückt es umgekehrt aus: „Unlauter wird sonach ein Wettbewerb durch Einführung aller, sei es hindernder, sei es fördernder Bedingungen, die nicht eine zur Vergleichung stehende Tätigkeit entfalten.“

schaftliche Tüchtigkeit der Konkurrenten zum Vergleich, so ist es die zutreffende Deutung vom Wesen der gewerblichen freien Konkurrenz und ihrer juristischen Regelung, daß in dem auf der genannten Grundlage geführten Kampf der Mitbewerber nur die Entfaltung gewerblicher Leistungsfähigkeit Bedingung zum Sieg sein dürfe. Darum ist die täuschende Reklame, darum das Bestechen von Angestellten usf. verboten; denn solche Methoden verfälschen das Ergebnis, das eine reine Auswertung gewerblichen Könnens zeitigen würde.

Und so wird uns die LOBEsche Formel zum Prüfstein bei der Frage, ob die heutige Rechtsprechung zum Wettbewerbsrecht sich noch in allen Fällen zu der Idee der freien Konkurrenz und ihrer Reinhaltung bekennt. Sie zeigt, daß die Frage nicht mehr restlos bejaht werden kann.

1. Wir haben von einer abweichenden Haltung der Rechtsprechung gegenüber einer Gruppe von Fällen zu berichten, deren wichtigste die Sperre und der Boykott sind. Ein Kartell, so nehmen wir es als Beispiel, verhängt die Materialsperre über einen ihm unerwünschten, seine Preise unterbietenden Außenseiter: es sorgt dafür, daß die zur Fortsetzung seines Betriebs erforderlichen Lieferungen unterbleiben, um durch diese Zwangsmaßnahmen den lästigen Konkurrenten zu beseitigen — sei es durch Zwang zum Anschluß an das Kartell, sei es durch Vernichtung seiner wirtschaftlichen Existenz überhaupt. An Stelle des Kartells könnte auch ein mächtiges Einzelunternehmen stehen, das vermöge seiner Beziehungen zu den Lieferanten in der Lage ist, einen entsprechenden Zwang auf seinen Mitbewerber auszuüben. (Soweit die Methoden von Kartellen ausgehen, spricht man von Maßnahmen des äußeren Organisations-, des äußeren Kartellzwangs[10], während im übrigen ein Fachausdruck fehlt.)

---

[10] Siehe dazu das führende Werk: KESTNER-LEHNICH: Der Organisationszwang 1927.

Im Sinne unserer Fragestellung sehen wir: das mächtige Einzelunternehmen, das Kartell, entfaltet nicht mehr im Wettstreit mit dem Gegner seine eigene wirtschaftliche Leistungsfähigkeit, indem es etwa besser, billiger produziert, sich besser auf die Kundenwerbung versteht — sondern es sucht den Gegner durch die Sperre gefügig zu machen oder niederzuringen, um dann — nach der Beseitigung der Konkurrenz — Herr der Lage, Beherrscher des Marktes zu sein. In einem Wettbewerbsverhältnis, in dem solche Kampfmethoden angewandt werden, kann also offenbar keine Rede mehr davon sein, daß allein die wirtschaftliche Tüchtigkeit der konkurrierenden Unternehmer Bedingung des Sieges sei. Und durchaus konsequenter Weise hat denn auch LOBE diese Methoden als unlauter bezeichnet[11]. Anders die deutsche Rechtsprechung. Die Maßnahmen des äußeren Organisationszwanges, wie die entsprechenden Maßnahmen mächtiger Einzelunternehmungen, sind grundsätzlich gestattet und es sind ihnen nur nach Maß und Ziel Zügel angelegt: ihre Zulässigkeit ist davon abhängig gemacht, daß der Richter ihren Zweck im Einzelfalle gerechtfertigt findet, und daß ein Maßhalten erkennbar bleibt: das Mittel muß in angemessenem Verhältnis zum Zweck stehen und die Vernichtung wirtschaftlicher Existenz vermieden werden. Das sind die berühmten Formeln, die die Rechtsprechung aus den Blankettnormen des bürgerlichen und Wettbewerbsrechts abgeleitet hat[12]. (Sie gelten nicht nur

---

[11] a. a. O. S. 50.

[12] Es ist hier nicht der Ort, über diese Rechtsprechung, deren Grund im Wettbewerbsrecht (im Verhältnis zwischen Mitbewerbern) in den Fällen RGZ. 28, 238ff.; 56, 271ff. (dem Kampf des Börsenvereins der deutschen Buchhändler wegen Nichteinhaltung des Ladenpreises) gelegt wurde, im einzelnen zu berichten; sie ist in den Komm. zu § 826 BGB. und § 1 UWG., ferner vor allem von EGER in: Die Reichsgerichtspraxis im deutschen Rechtsleben IV, 238ff. zusammengestellt. Es sei hier nur zur Ausschaltung von Zweifeln soviel bemerkt: wenn, wie KESTNER-LEHNICH: a. a. O. S. 227 hervorheben, in RGZ. 56, 271ff. das Reichsgericht betont, daß das Vorgehen

im Kampf der Mitbewerber gegeneinander, sondern ganz ebenso im Kampf der Lieferanten gegen die Abnehmer[13], wie in sozialpolitischen Kämpfen[14], wie endlich in den Kämpfen der ärztlichen Organisationen[15].)

Die erwähnte Rechtsprechung steht nun freilich nicht etwa isoliert da, sondern sie hat einen allgemeinen, dem Juristen wohl bekannten Hintergrund. Es war um die Zeit der Jahrhundertwende, daß die deutsche Rechtsprechung vor die Frage gestellt wurde, wie sie der auf Ausschaltung freier Konkurrenz bedachten Kartellbewegung begegnen wolle[16]. Im bürgerlichen Recht war ihr die Frage nach der Anerkennung der auf Vertrag beruhenden Kartellbindungen gestellt. Sie hat sie — im Gegensatz zu mancher ausländischen Rechtsordnung — bejaht. Und es liegt in derselben Linie, daß sie die im Wettbewerbsrecht ihr gestellte Frage nach der Duldung der Maßnahmen des äußeren Kartellzwangs im Grundsatz ebenfalls bejahte und die Blankettnormen, die ihr zur Verfügung standen, nur dazu verwandte, Auswüchse zu beseitigen[17].

---

des Buchhändlerbörsenvereins gegen die Schleuderer nicht nach Wettbewerbsrecht, sondern nach § 826 BGB. zu beurteilen sei, so hatte dieser Satz nur für das alte, rein kasuistisch gefaßte Gesetz gegen den unlauteren Wettbewerb (27. 5. 1896) Geltung; heute käme neben § 826 BGB. § 1 UWG. zum Zug, und man wird heute richtigerweise die Norm des § 826, soweit sie in den Kämpfen zwischen Mitbewerbern zur Anwendung gebracht wird, als wettbewerbsrechtliche bezeichnen. So auch die heutige Rechtsprechung, vgl. etwa RG. in JW. 1926, 1982.

[13] Für diese Kampffront siehe besonders Kestner-Lehnich: a. a. O. S. 98ff. — Über die Rechtsprechung dieselben S. 234.

[14] Vgl. RGZ. 51, 369ff.; 57, 418ff.; 64, 52ff.; 66, 379ff. u. a. — Dazu ferner (Hueck-)Nipperdey: Lehrb. d. Arb.-Rechts II, 584ff.

[15] Vgl. RGZ. 64, 155ff.; 68, 186ff.; 79, 17ff.; 93, 302ff.; 130, 89ff.

[16] Siehe zu der Frage im allgemeinen Kestner-Lehnich: a. a. O. S. 197ff. und 227ff.

[17] Der rechtlichen Anerkennung der Kartelle und des inneren Organisationszwangs in RGZ. 38, 155ff. (1897) folgt die des äußeren in der Rechtsprechung seit 1900, insbes. in RGZ. 56, 271ff. (1902).

Heute sind die genannten Regeln des Wettbewerbsrechts z. T. durch solche der KartVO., die in der Behandlung der Maßnahmen äußeren Kartellzwangs auf ihnen weiterbaut (vgl. § 9 KartVO.), abgelöst. Aber eben nur zum Teil. Die KartVO., die nicht jeden, sondern nur den typischen, durch Kartelle begangenen Mißbrauch wirtschaftlicher Machtstellungen erfaßt, erschöpft das Problem juristischer Regelung der mit dem Ziele der Wettbewerbsbeschränkung, der Marktregulierung gegen Mitbewerber geführten Kämpfe nicht; sie läßt insbesondere Kampfmaßnahmen, die von mächtigen Einzelunternehmungen ausgehen, unberücksichtigt. Und so muß das Wettbewerbsrecht in die Lücken treten. Seiner Funktion, das überall gültige Mindestmaß von Schranken festzulegen, bleibt es damit getreu, aber seine innere Einheit ist zerrissen. Es darf die auf Wettbewerbsbeschränkung, auf Marktregulierung bedachte Wirtschaft in ihrem Kampf gegen die Mitbewerber nicht nach den sonst gewahrten Grundsätzen der Reinhaltung freier Konkurrenz behandeln, sondern muß ihr eine eigene wettbewerbsrechtliche Ordnung geben. Vielleicht kann man heute erst sagen, daß eine solche Ordnung versucht wird; aber dieser Versuch jedenfalls ist ein Stein beim Aufbau einer neuen Wirtschaftsordnung, die — sie ergänzend und in eigenartigem Spannungsverhältnis zu ihr stehend — neben die alte tritt. So geht heute mit dem Bekenntnis zu verschiedenen Grundsätzen der Wirtschaftsordnung ein Riß durch das Wettbewerbsrecht; es besteht ein Wesensgegensatz zwischen seinen Normen. In der einen Ordnung herrscht der Grundsatz, daß die wirtschaftliche Tüchtigkeit, soweit sie nur rein in Erscheinung tritt, ohne Rücksicht auf die Folgen den Mitbewerbern gegenüber entfaltet werden kann. In der anderen, in der es um die Verwertung von Machtstellungen zum Zwecke der Wettbewerbsbeschränkung geht, greift der Richter in das Spiel der Kräfte mitten hinein, fragt nach der Angemessenheit von Maß und Ziel; der volle Einsatz der Kräfte trägt nicht wie dort seine Berechtigung in sich selbst. Man hat diesen Wesensgegensatz merkwürdig lange übersehen, offenbar deshalb, weil die Normen im einen wie im anderen Sinne aus derselben Gesetzesstelle, aus der auf die guten Sitten verweisenden Generalklausel des Wettbewerbsgesetzes abgeleitet wurden. Da zeigte sich — es war vor zwei Jahren — ein Symptom des Gegensatzes: bei Sperre, Boykott usw. gilt u. a. — wir haben es erwähnt — der Satz, daß sie niemals zur Vernichtung der wirtschaftlichen Existenz führen dürfen. Überlegt man, daß im übrigen im Wettbewerb ein Vorwärtsstreben gestattet ist, ohne daß es erheblich ist, ob die Konkurrenten mitkommen, ob ihre Existenz gewahrt bleibt, so begreift man, daß die Praxis früher oder später an dieser Stelle auf den Gegensatz stoßen mußte. Man hat über diese Spezialfrage viel diskutiert. Aber es wird notwendig, den Gegensatz tiefer zu begreifen, und auch die Absteckung der Grenzen, die aus Anlaß dieser Diskussion versucht und insbesondere von NIPPERDEY mit seiner Unterscheidung zwischen Leistungs- und Behinderungswettbewerb gefördert wurde, wird durch eine Vertiefung der Fragestellung erleichtert werden[18].

---

[18] Anlaß zu der reichen Diskussion, die die Frage in den letzten zwei Jahren gefunden hat, ist die Entscheidung des Oberlandesgerichts Düsseldorf vom 25. Juli 1929 gewesen (s. G. R. U. R. 1929, 1368ff.; JW. 1930, 1746ff. Dazu RUDOLF ISAY in G. R. U. R. a. a. O.; BAUMBACH in M. u. W. 1930, 2ff.; CALLMANN in JW. 1930, 1647ff.; NIPPERDEY in: Wettbewerb und Existenzvernichtung, Berlin 1930, auch in Kartellrundschau 1930, 127ff.; BLUM: Sperren und Nachteile von ähnlicher Bedeutung, Kartellrundschau 1930, 167ff.). — Eine Benzinkonvention unterbietet die Preise eines Außenseiters, um ihn der Organisation und ihren Preisfestsetzungen gefügig zu machen. Das OLG. prüft ohne weiteres als wettbewerbsrechtlich erheblich die Frage, ob die Absicht der wirtschaftlichen Vernichtung des Gegners, eines selbständigen Tankstelleninhabers, bestand, und verbietet, weil das Bestehen dieser Absicht festgestellt wird, das Preisunterbieten. Es unter-

2. So hat sich im Wettbewerbsrecht ein Abschichtungsprozeß vollzogen. Um den Kern des Wettbewerbsrechts, bei dem es noch immer um die Reinhaltung freier Konkurrenz geht, lagert sich eine Schicht andersgearteter Normen. Mög-

läßt die Prüfung, ob und inwieweit es überhaupt zulässig ist, die Preisunterbietung der Sperre und dem Boykott gleich zu behandeln. Darüber hinaus mußte die Entscheidung auch deshalb Widerspruch hervorrufen, weil das Oberlandesgericht gar nicht untersucht hat, ob es dem Außenseiter zuzumuten war, sich den Konventionspreisen anzuschließen. Denn seine wirtschaftliche Existenz war nur dann bedroht, wenn er darauf bestand, seine eigene Preispolitik weiterzuführen.

Die Besprechungen, die das Urteil gefunden hat, geben vor allem Anlaß, auf zwei Punkte hinzuweisen:

1. Die Frage wurde im Anschluß an die Entscheidung von ihren Kritikern dahin formuliert, bei welchen Wettbewerbshandlungen es auf die Existenzvernichtung ankomme und bei welchen nicht. Aber damit wird eben im Grunde nur ein Symptom des Gegensatzes, nicht der Gegensatz selbst aufgezeigt. Daß Kampfmaßnahmen, wie Sperre und Boykott, nicht zur Vernichtung wirtschaftlicher Existenzen führen dürfen, ist nur ein Teil der Sätze, die die Rechtsprechung für diese Fälle entwickelt hat. Es fügen sich als mindestens gleichwertig die anderen Formeln an, daß das Ziel der Kampfmaßnahmen ein berechtigtes sein, daß ein angemessenes Verhältnis zwischen Zweck und Mittel bestehen müsse. Will man den Gegensatz in seiner vollen Ausprägung erfassen, dann muß man m. E. den oben hervorgehobenen Unterschied betonen. Man muß nach den Kampfmethoden fragen, die vom Rechte nicht mehr unter dem Gesichtspunkt der Reinhaltung freier Konkurrenz beurteilt werden — für die vielmehr die Statuierung einer neuen Ordnung versucht wird.

2. Für die Grenzziehung selbst liegt es nahe, die Sonderbehandlung für die Maßnahmen des äußeren Organisationszwanges und nur für diese in Anspruch zu nehmen. Darauf läuft es im Grunde hinaus, wenn CALLMANN in seinem Abgrenzungsversuch (Kommentar zu § 1 Nr. 25, JW. 1930, 1648) die Besonderheit in dem Einsetzen einer Kollektivmacht sieht. Die Parallele zum Arbeitsrecht und zu dem Recht von den ärztlichen Organisationen macht geneigt, das Charakteristische in der Beschränkung der von Verbänden gebrauchten Kampfmittel zu sehen, und auch im Wettbewerbsrecht sind ja die Maßnahmen äußeren Organisationszwangs der Anstoß für die Entwicklung der geschilderten Rechtsprechung gewesen. Aber es stellt sich eben solchem Abgrenzungsversuch notwendigerweise das Argument entgegen, daß es keine innere Berechtigung hat, einzel-

lich, daß es bei der einen Abschichtung, die heute durchgeführt ist, nicht sein Bewenden hat. So kann man sich beim Wettbewerb zwischen öffentlicher Hand und Privatwirt-

---

stehende Großunternehmungen in den Fällen von Sperre und Boykott anders zu behandeln als Verbände. Wenn schon das Kartellrecht diese Verschiedenbehandlung in Kauf nimmt, so scheint es erst recht Aufgabe des Wettbewerbsrechts zu sein, das juristische Verlangen nach ebenmäßiger Behandlung verwandt gelagerter Tatbestände zu befriedigen. — Hier knüpft NIPPERDEY an. Er bezeichnet es als willkürlich, die Beurteilung der „Maßnahmen von der Person desjenigen abhängig zu machen, der sie ausführt", und so ist es begreiflich, daß er den Unterschied in den Kampfmaßnahmen als solchen sucht. Er scheidet selbst zwischen Leistungs- und Behinderungswettbewerb, je nachdem die Handlungen „in der Ausdehnung des eigenen Geschäftsbetriebs, in der Förderung der Absatztätigkeit mit den Mitteln eigener Leistung bestehen (Preisunterbietung, Qualitätssteigerung)" oder „nur eine Behinderung des Mitbewerbers herbeiführen, um dadurch erst freie Bahn für den eigenen Absatz zu schaffen". GEILER (Beitr. z. Wirtschaftsrecht 1931, 181) ist ihm gefolgt. Das RG. (in G.R.U.R. 1931, 985) hat festgestellt, daß sich seine Rechtsprechung „im wesentlichen in Übereinstimmung mit den neuerdings vielbeachteten Ausführungen von NIPPERDEY" befindet. Wenn ich trotzdem die Frage als noch nicht restlos gelöst bezeichnet habe, so meine ich damit, daß NIPPERDEY das Gefühl für den Zusammenhang der Rechtsprechung mit der Bekämpfung des äußeren Organisationszwangs zu sehr verloren hat. Nicht so sehr in seiner Formel. Ich halte es für richtig, die Besonderheit darin zu sehen, daß durch Gefügigmachen oder Niederringen des Mitbewerbers (Behinderung ist m. E. nicht deutlich genug) erst freie Bahn für den eigenen Absatz geschaffen werden soll. Aber indem NIPPERDEY das Preisunterbieten stets als „Leistungswettbewerb" betrachtet wissen will, zerreißt er m. E. untrennbare Zusammenhänge. Die Preisunterbietung unter Außerachtlassung der Selbstkostengrenze im Vertrauen auf die stärkere Kapitalmacht des Kartells steht als durchaus verwandtes Mittel des Organisationszwangs neben Sperre und Boykott. (S. dazu etwa KESTNER-LEHNICH: a. a. O. S. 72f.) Zugegeben, daß in der Praxis es schwieriger ist, das Preisunterbieten als Mittel des Gefügigmachens (und nicht Auswertung wirtschaftlicher Tüchtigkeit) zu erkennen; und zugegeben, daß für den Richter bei einer der Sperre entsprechenden Behandlung der Preisunterbietung äußerste Vorsicht geboten ist — ich glaube nicht, daß das Recht auf die Dauer an der funktionellen Verwandtschaft wird vorbeigehen können.

schaft[19] fragen, ob auf die Dauer die Ordnung ausreicht, die an dem Grundsatz der Auslese des Tüchtigsten orientiert ist. Die Rechtsprechung hat in einem Fall, da eine öffentliche Feuerversicherungsanstalt unter Verwertung des behördlichen Apparates Fragebogen zur Eindringung in die Verhältnisse ihrer privaten Mitbewerber verteilen ließ, den Satz gefunden, daß nur die auch der Privatwirtschaft zugänglichen Wettbewerbsmethoden als zulässige angesehen werden können[20]. Sie ist damit den alten Grundsätzen noch treu geblieben, insofern sie einheitliche Bahnen für den Wettbewerbskampf absteckte, in denen sich die Leistungsfähigkeit des einen oder anderen bewähren mag. Aber sie käme in demselben Augenblick in Verlegenheit, in dem es sich ereignete, daß die öffentliche Hand da, wo sie in Wettbewerb mit der Privatwirtschaft tritt, nicht mehr nach Rentabilitätsgrundsätzen arbeitet. Hier wäre bei der Ungleichheit der Voraussetzungen derer, die sich im Kampfe messen, ein freier Wettbewerb nicht mehr denkbar und müßte eine neue Ordnung auf anderer Grundlage gefunden werden[20a].

II.

Sind so die Grundsätze, nach denen die Unternehmungen im Wettbewerbsrecht geschützt sind, von vornherein ver-

---

[19] Siehe dazu BERNSTEIN in JW. 1927, 1071f.

[20] So deute ich die Entscheidung des RG. in RGZ. 116, 28ff.; s. auch RGZ. 132, 296ff.

[20a] Es ist hier an Fälle gedacht, in denen die Ungleichheit der Voraussetzungen die Privatwirtschaft beschwert. Es kann aber auch umgekehrt liegen. Und eine solche Lagerung hat erst neuerdings zum Eingreifen des Gesetzgebers geführt: der gemeinwirtschaftliche Aufbau des deutschen Eisenbahngütertarifs hat zu einer Sonderregelung des Preiswettbewerbs zwischen Eisenbahnen und Kraftfahrzeugen genötigt. „Der Reichsverkehrsminister setzt einheitlich für das ganze Reich die Beförderungspreise fest" (5. Teil, Kap. V § 22 der dritten Verordnung d. Reichspräs. z. Sich. v. Wirtsch. u. Fin. usf. v. 6. Oktober 1931).

schieden geartet, so wird der Systematiker den Fehler vermeiden müssen, die auf verschiedenem Prinzip beruhenden Normen zur Einheit zu fügen. Und so werden wir im folgenden, weiterbauend, nur dem Kern des Wettbewerbsrechts nachgehen können, von dem wir freilich heute wissen, daß er nicht das ganze Rechtsgebiet erfüllt. Diesen Kern hat man von jeher mit sportlichen Wettbewerbsarten verglichen. Das LOBEsche Beispiel haben wir genannt. Aber es läßt sich — und darin kann man über LOBE hinausgehen — aus dem Vergleich mehr noch herausholen als die von ihm gefundene oberste Bestimmung des Lauterkeitsbegriffes. Es besteht eine eigenartige strukturelle Verwandtschaft, die sich zunächst in der Richtung der möglichen Interessengegensätze zeigt. Es ist ein bekannter Gegensatz, der unser Wettbewerbsrecht durchzieht: daß durch die Unlauterkeit bald das Interesse der Gesamtheit der Mitbewerber berührt, bald nur in die Sphäre eines einzelnen eingegriffen wird[21]. Und es ist im

[21] Vgl. etwa PISKO: Ehrenbergs Handb. II, S. 433ff.; BAUMBACH trennt in seinem Kommentar (S. 187ff.) die „Wettbewerbsverstöße gegen die Allgemeinheit der Mitbewerber" von den „Handlungen gegen einzelne Mitbewerber". WEINMANN-WALDEN: Unlauterer Wettbewerb (Wien 1927, S. 70) unterscheiden „Gruppenfälle" und „Einzelfälle". Vgl. auch ROSENTHAL und CALLMANN zu § 13 UWG. Die praktische Folge ist, daß im einen Fall jeder Mitbewerber und außerdem die Verbände zur Förderung gewerblicher Interessen klageberechtigt sind (§ 13 UWG.), im anderen nur der in concreto Verletzte. — Eine weitere bisher noch nicht genügend beachtete Eigentümlichkeit ist folgende: die Eingriffe in die Sphäre des einzelnen Mitbewerbers können von doppelter Art sein. Man kann seinem Konkurrenten einen Wert entreißen, um ihn zum Vorspann für die eigene gewerbliche Tätigkeit zu machen (Unternehmenskennzeichen, Betriebsgeheimnisse usw.), während man in anderen Fällen mit der Schädigung des Mitbewerbers sich begnügt (z. B. bei der Anschwärzung). Der Unterschied ist juristisch insofern bedeutsam, als bei der zweiten Fall-Gruppe ausschließlich das Interesse des einzelnen geschädigten Mitbewerbers berührt wird, bei der ersten dagegen auch ein mittelbarer Eingriff in die Interessen der Mitbewerbergesamtheit vorliegt. Denn der Konkurrent, der ein gut eingeführtes Warenzeichen sich anmaßt, sich die Kenntnis fremder

sportlichen Wettkampf nicht anders: Das Lockern des Hufeisens beim Pferderennen, um in LOBES Beispiel zu bleiben, das Lockern des Rades beim Automobilrennen, sind Eingriffe in die Sphäre eines einzelnen Mitbewerbers, die unlauter sind in demselben Sinne, wie im gewerblichen Wettbewerb das Anschwärzen des Konkurrenten, das Abspenstigmachen seiner Arbeitnehmer, das Eindringen in seine Geschäfts- und Betriebsgeheimnisse usw. — Und ebenso: daß beim Wettrudern keiner sich heimlich der Kraft eines Motors bediene, daß beim Rennen jeder die vorgeschriebene Bahn einhalte, die Hindernisse nehme, daran ist der Gesamtheit der Mitbewerber gelegen — in demselben Maße wie beim gewerblichen Wettbewerb, daß keiner durch unwahre Reklame, daß keiner durch Zahlung von Schmiergeldern sich einen Vorteil vor dem anderen sichere. Und es ist daher wohl begründet, wenn die Rechtsprechung bei der Beurteilung von Wettbewerbsfällen wieder und wieder das Bild heranzieht von dem ungerechtfertigten Vorsprung, den der eine Mitbewerber sich vor einem anderen oder vor der Gesamtheit der anderen zu verschaffen weiß[22].

Betriebsgeheimnisse zu verschaffen weiß, sichert sich zugleich mit der Schädigung des einen Mitbewerbers einen Vorsprung vor der Gesamtheit derer, die auf entsprechend unlautere Methoden verzichten. Das UWG. scheint auf diese Sachlage keine Rücksicht zu nehmen, insofern stets, wenn in die Sphäre des einzelnen Mitbewerbers eingegriffen wird, nur dieser die Klageberechtigung hat. In Wahrheit läßt sich aber auf dem Wege über §§ 1, 13 UWG. auch in solchen Fällen die erwünschte Ausdehnung der Klagebefugnis gewinnen. Die bereits oben erwähnte Einteilung BAUMBACHS in „Wettbewerbsverstöße durch eine greifbare Förderung des eigenen Betriebs" und „Wettbewerbsverstöße durch Behinderung des fremden Betriebs", bedeutet letztlich, daß aus den Eingriffen in die Sphäre des Mitbewerbers die der ersten Fall-Gruppe herausgenommen und mit den Eingriffen in die Interessen der Mitbewerbergesamtheit zusammengefaßt werden. Damit wird der hier angedeutete Zusammenhang für die Systematik verwertet.

[22] Siehe etwa RGZ. 117, 22.

Aber weiter: wir finden nicht nur eine verwandte Lagerung der Interessengegensätze, sondern wir finden darüber hinaus aus der gleichartigen Interessenlage hervorgehend, hier und dort gleichgeartete Forderungen, die an die rechtliche Gestaltung gestellt werden. Es ist die mit aller Energie betonte Forderung, daß die Schranken, an deren Einhaltung die Gesamtheit der Mitbewerber interessiert ist, für jeden einzelnen gleichgerichtet sein müssen; die primitive Forderung in jedem Wettbewerbsverhältnis: „Was ich nicht darf, das sollst auch du nicht dürfen, um dir nicht einen Vorsprung im Wettbewerb zu sichern." Der Jurist sollte diese unmittelbarem Rechtsempfinden entspringende Forderung, die Forderung nach einer par condicio concurrentium, bei einer Deutung des Wettbewerbsrechts stärker beachten, als es üblicherweise geschieht. Denn der Gleichheitsgrundsatz, auf den sie hinausläuft, vermag uns den Sinn einer Reihe von Sätzen zu verdeutlichen, die heute mehr oder weniger wahllos der Erläuterung zu der Generalklausel angefügt zu werden pflegen. Er hat, genauer besehen, eine doppelte Bedeutung im Recht.

1. Da ist zunächst die Forderung, die die Geschäftswelt mit Recht an den Juristen, sei er Gesetzgeber oder Richter, stellt, die wettbewerbsrechtlichen Normen durchsichtig zu gestalten, ihnen diejenige feste Linie zu geben, die tunlichst Rechtssicherheit im Sinne einer Vorausbestimmbarkeit der Entscheidung verbürgt. Dem Anwalt am deutlichsten offenbart sich diese Forderung. Es ereignet sich — der Fall liegt über ein Jahrzehnt zurück — daß, sagen wir, ein oder mehrere Berliner Brauer, ihr Bier als nach Münchner, als nach Pilsener Art hergestellt, in mehr oder weniger geschickter Abwandlung des beliebten Ursprungsnamens anpreisen — mit gutem Erfolg für den Absatz, wie sich alsbald zeigt. Und nun kommt ein, nun kommen viele Mitbewerber zu ihrem An-

walt[23], mit der Bitte, ihnen zu sagen, was rechtens sei. Sie würden am liebsten die Verwertung des Klangs des bekannten Ursprungsorts, die ihnen unlauter erscheint, vermeiden — aber sie müßten sie ihrem Anstandsgefühl zuwider mitmachen, wenn sie den Konkurrenten erlaubt sei. Was ist rechtens? Der Anwalt, der die Rechtsprechung des Reichsgerichts kennt, kann nur mit einer Formel antworten, die zwar wohl durchdacht ist, die aber in ihrer Anwendung auf den Einzelfall dem Zweifel Tür und Tor offen läßt[24]. Und er erlebt es, daß der Jurist mit solcher Rechtsprechung dem Kaufmann Steine statt Brot gibt. Das sind zurückliegende Sünden der Jurisprudenz, aber sie müssen uns eine ständige Mahnung sein. Auch im heutigen Augenblick, wo wir sagen werden: wie auch die endgültige Entscheidung etwa über das Zugabewesen ausfällt, wichtig ist vor allem, daß die Frage eindeutig geregelt wird.

2. Ist so die erste Forderung, die der Gleichheitsgrundsatz an das Wettbewerbsrecht stellt, mit dem Verlangen nach Rechtssicherheit identisch, und insofern nur eine Verschärfung der auch sonst an die Rechtsordnung zu richtenden Anforderung, so hat die zweite Forderung selbständige Bedeutung. Der Gleichheitsgrundsatz verlangt, daß Normen, die nicht dem Wettbewerbsrecht angehören, die aber gleichwohl auf Grund von Gesetz oder Vertrag für alle Mitbewerber verbindlich sind, zu wettbewerbsrechtlicher Bedeutung erhoben werden. Er hat insofern wettbewerbsrechtlich normierende Kraft. Ein altes, schon von LOBE[25] angeführtes Beispiel mag die Lage veranschaulichen. „Wer eingeschmuggelte zollpflich-

[23] Die Schilderung dieser Situation verdanke ich einer mündlichen Mitteilung von MAGNUS.

[24] Es kommt darauf an, ob die gewählte Abwandlung oder der gewählte Zusatz „entlokalisierend" wirkt, die Herkunftsbezeichnung zur Gattungsbezeichnung macht. Aus der reichen Literatur vgl. CALLMANN zu § 16, Note 124ff.; ROSENTHAL zu § 5, Note 6.

[25] a. a. O. S. 63ff.

tige Waren... vertreibt, schädigt damit ebenso den anderen redlichen Wettbewerber, als wenn er den Absatz durch Irreführung der Abnehmer herbeiführte." Mit anderen Worten: der Vorsprung, den der Konkurrent zu erzielen weiß, indem er vermöge einer Umgehung des für alle geltenden Gesetzes billiger verkaufen kann, macht sein Gebaren wettbewerbsrechtlich unerlaubt. Nicht nur strafrechtlich hat er sich verantwortlich gemacht, sondern er ist auch der Klage seines Mitbewerbers aus dem Wettbewerbsrecht ausgesetzt. Es geht um die par condicio concurrentium, die hier erschüttert ist. Das zitierte Beispiel hat praktisch keine große Bedeutung gewonnen. Aber der Rechtsgedanke hat sich bewährt; am meisten in Fällen, in denen nicht eine gesetzliche, sondern eine vertragliche Bindung aller Mitbewerber vorlag. Es sind die dem Juristen so geläufigen Fälle der Preisunterbietung vermöge Tarifbruchs und des Preisschleuderns mit Markenartikeln. Wo durch allgemeinverbindlichen Tarifvertrag eine Mindesthöhe des Lohnes in einem bestimmten Geschäftszweig gesichert ist, da verletzt der Mitbewerber, der niedereren Lohn zahlt, und auf dieser Grundlage seine Preise niederer zu gestalten vermag, nicht nur seine vertraglichen Verpflichtungen gegenüber den Arbeitnehmern, sondern er handelt auch unlauter gegenüber allen vertragstreuen Mitbewerbern, vor denen er einen ungerechtfertigten Vorsprung gewinnt[26]. Und ähnlich steht es grundsätzlich, wo durch ein lückenloses Reverssystem für Markenartikel feste Verkaufspreise gesichert sind. Der Mitbewerber, der sie unter Bruch seiner eigenen Vertragsverpflichtung oder unter Ausnutzung fremden Vertragsbruchs unterbietet, macht sich wettbewerbsrechtlich haftbar[27].

---

[26] So RGZ. 117, 16ff.

[27] Aus der reichen Judikatur vgl. RGZ. 88, 9ff. und RGZ. 120, 47ff. (= JW. 1928, 1218ff.; vgl. auch die dieser Entscheidung dort beigegebene Anmerkung von Martin Wassermann). Über die kartellrechtlichen Gegenwirkungen s. unten S. 26 Anm. 30.

Die Rechtsprechung, die diese Sätze gewonnen hat, ist nicht unwidersprochen geblieben und die verschiedenen Ausgangspunkte der Kritik sind recht lehrreich. Da sind juristisch-konstruktive Bedenken, wie sie u. a. HANS REICHEL[28] ins Feld geführt hat. Das obligatorische Band, das nur Gläubiger und Schuldner verknüpfen darf, scheint ausgedehnt auf den Mitbewerber und damit eine Verdinglichung vertraglicher Abreden herbeigeführt, wie sie altbewährten Rechtsgrundsätzen widerstreitet. Allein man übersieht bei solcher Betrachtungsweise, daß es sich um keine vertragsrechtliche, sondern um eine wettbewerbsrechtliche Norm handelt. Nicht der Vertrag hat die Kraft, nun plötzlich sein Band um die Vielheit der Mitbewerber zu schlingen, sondern die Expansivkraft des wettbewerbsrechtlichen Gleichheitsgrundsatzes knüpft unter bestimmten weiteren Voraussetzungen an das Vorliegen eines alle Mitbewerber bindenden Vertrags wettbewerbsrechtliche Folgen an.

Schwerer wiegt der Einwand JOSEPH KOHLERS[29]: es müßten „ohne Vor- und Rückschau" die wettbewerbsrechtlichen Fragen beurteilt werden. Es wäre zu weit gegangen, es den Konkurrenten zu „gestatten, das Geschäft des Gegners samt allen Betriebsmitteln, allen Erwerbs- und Absatzquellen zu durchstöbern und in alle Winkel hineinzuleuchten". Aber hier — glaube ich — ist eine der Fragen, in denen wir Heutigen kollektiver denken; wo wir in bezug auf Löhne, in bezug auf Erwerbsquellen der Ware usf. nicht davor zurückschrecken, die Unternehmen desselben Geschäftszweigs einem Vergleich auszusetzen, zu welchem Zweck Normwidrigkeiten bei der

---

[28] ArchZivPr. 127, 257ff. Er betont allerdings, daß der von ihm besprochene Fall des Preisschleuderns mit Markenartikeln mit dem Wettbewerbsrecht nichts zu tun hat (S. 268), weil der Lieferant und nicht die Mitbewerber die Kläger sind. Er übersieht dabei aber die durch § 13 UWG. dem Lieferanten gegebene Klagebefugnis.

[29] ArchBürgR. 29, 140ff. Unlaut. Wettbewerb S. 31.

Beschaffung von Betriebsmitteln auch von Konkurrenten aufgedeckt werden mögen.

Die schwersten, an die Wurzel des Wettbewerbsrechts greifenden Bedenken liegen in anderer Richtung. Wenn allen Mitbewerbern gleichmäßige vertragliche Verpflichtungen auferlegt werden — was praktisch nur möglich ist, wo Kollektiv- oder Monopolmächte am Werke sind — und wenn so künstlich eine erweiterte par condicio concurrentium geschaffen, die Schranken des Wettbewerbs vermehrt werden, dann ist die Freiheit der Konkurrenz in Gefahr. Dann droht die Erstarrung der Wirtschaftsordnung, und es entsteht die Frage, ob nicht Gegenwirkungen zur Erhaltung ihrer im Interesse der Gemeinwirtschaft nötigen Elastizität eingeschaltet werden müssen. Das ist der Punkt, den wir heute bei der auf dem Reverssystem beruhenden Preisbindung der Markenartikel erreicht haben. Hier, wo das Wettbewerbsrecht versagen muß, greift aus der Sphäre des Kartellrechts heraus der Gesetzgeber ein zur Minderung der Schranken und damit zur Wahrung freier Konkurrenz[30].

III.

Der Vergleich mit anderen als gewerblichen Wettbewerbsarten, den wir so bis zu der Einmündung ins Kartellrecht durchgeführt haben, hatte uns zu Beginn zu der Bestimmung des Lauterkeitsgrundsatzes geführt; des Lauterkeitsgrundsatzes, nach dem sich der Schutz der Unternehmungen im Wettbewerbsrecht bestimmt. Diesem Grundsatz nun suchen moderne Richtungen so näher zu kommen, daß sie ihn teils durch einen anderen deutlicheren zu erklären, teils ihm meh-

---

[30] So die Kartellnotverordnung vom 26. 6. 1930 (5. Abschn. der Verordnung des Reichspräsidenten zur Behebung finanzieller, wirtschaftlicher und sozialer Notstände vom 26. 6. 1930) mit ihren Ausführungsverordnungen. Aus der reichen Literatur vgl. etwa die grundsätzlichen Ausführungen von TSCHIERSCHKY: Kartellrundschau 1931, 441 ff.

rere andere unterzuordnen bemüht sind. In der ersten Richtung geht die ELSTERsche Behauptung, daß der „Kampf der Rechtsordnung gegen Unlauterkeit auf dem Wahrheitsgedanken beruht[31]." Und im zweiten Sinne versucht CALLMANN[32] im Rahmen seines großangelegten Kommentarwerks „aus der heute geltenden Auffassung von lauterem Wettbewerb" vier Grundsätze abzuleiten: Den Grundsatz der Wahrhaftigkeit, der Sachlichkeit, der Selbständigkeit und der Gesetz- und Vertragsmäßigkeit. — Gehen wir aus vom Wahrheitsgrundsatz, so finden wir, daß in der Tat ein großes Teilgebiet im Wettbewerbsrecht unter seiner Herrschaft steht. Handlungen zur Beeinflussung und zur Verwertung der Meinung über geschäftliche Verhältnisse, der öffentlichen Meinung zumal, all das, was man im weitesten Sinne unter Reklame versteht, unterliegen dem Wahrheitsgrundsatz. Aber bei der Geltung in diesem Teilgebiet bewendet es auch. Indem man den Verrat von Geschäfts- und Betriebsgeheimnissen, indem man das Abspenstigmachen von Angestellten, um nur einige Beispiele zu nennen, verbietet, verbietet man nicht Unwahrheit, wie bei den Äußerungen in der Reklame. Wenn ELSTER trotzdem das gesamte Wettbewerbsrecht vom Wahrheitsgrundsatz beherrscht wissen will, so wandelt sich ihm augenscheinlich der Wahrheitsbegriff unter der Hand. Für das Wettbewerbsrecht im ganzen ist ihm Wahrheit ebensoviel wie Lauterkeit, und wir können seine Vorstellung zurückführen auf die alte LOBEsche Formel, daß die zur Vergleichung stehenden Tätigkeiten rein, unverfälscht, in diesem Sinne wahr im Wettbewerb zur Entfaltung kommen müssen. Es ist offenbar, daß der Wahrheitsgrundsatz, so verstanden, zur Erklärung des Wettbewerbsrechts nicht weiterführen kann als der Lauter-

---

[31] Urheber- und Erfinder-, Warenzeichen- und Wettbewerbsrecht, S. 31ff. u. ö. (S. 417).

[32] Kommentar S. 37ff.

keitsgrundsatz, mit dem er identisch ist. — Wertvoll ist er nur unter Beschränkung auf das Teilgebiet der Reklame. Und — so wird man nun weiter fragen — kann man nicht unter solchen Gesichtspunkten das Wettbewerbsrecht in einige wenige von bestimmten Grundsätzen beherrschte Teilgebiete zerlegen und so Ordnung in die verwirrende Fülle der freigewachsenen Normen bringen? Und führt nicht CALLMANNs Versuch, dem Wahrheitsgrundsatz drei weitere zur Seite zu stellen, in diese Richtung?

Man wird auch diese Frage verneinen müssen. CALLMANNs Grundsatz der Gesetz- und Vertragsmäßigkeit scheidet von vornherein aus: er soll die Rechtsprechung zu den Fällen des Preisschleuderns mit Markenartikeln, der Preisunterbietung vermöge Tarifbruchs usf. erklären, die wir als Auswirkung des Gleichheitsgrundsatzes gedeutet haben. Er bezieht sich demnach auf das gesamte Wettbewerbsrecht und steht auf einer anderen Ebene als der Wahrheitsgrundsatz. Und wie steht es mit dem Grundsatz der Sachlichkeit? Zunächst: Wer an die Verwendung rauchschreibender Flugzeuge oder erleuchteter Luftschiffe zu Reklamezwecken[32a] denkt, die niemand als unlauter zu bezeichnen wagen kann, wird bezweifeln, inwieweit überhaupt von einer Geltung des Sachlichkeitsgrundsatzes die Rede sein kann. In Wirklichkeit läßt sich nur in bestimmter Richtung die Forderung nach Versachlichung der Reklame aufweisen: wie im politischen Leben unwahren Beeinflussungsversuchen die unsachlichen, die demagogischen als gleich verwerflich zur Seite treten, so im geschäftlichen, wo es, wie dort, um die Beeinflussung der Massen geht. Man soll nicht unter Auswertung politischer, weltanschaulicher Leidenschaften Kundenwerbung treiben; man soll nicht die Spielleidenschaft des Publi-

---

[32a] Das letztere Beispiel verdanke ich einem Hinweis von ROSENTHAL.

kums ausnützen, indem man etwa verheißt, daß in einem unter zwanzig verkauften Artikeln ein Goldstück sich befindet[33]. Wir sehen zugleich: das Gebiet, in dem dem Sachlichkeitsgrundsatz eine gewisse Geltung zukommt, ist das Gebiet der Reklame. Es ist kein neues Teilgebiet des Wettbewerbsrechts, das er ordnet. — Als letzter der CALLMANNschen Grundsätze bleibt der Selbständigkeitsgrundsatz übrig. Noch problematischer als beim Sachlichkeitsgrundsatz ist seine Geltung. Eine irgendwie konsequente Durchführung vertrüge sich nicht mit einer kulturellen und wirtschaftlichen Ordnung, in der jeder darauf angewiesen und dazu berufen ist, auf der Leistung des anderen weiterzubauen[34]. Verboten ist nur, in die Rechtssphäre des Mitbewerbers einzudringen, um die Werte des seinigen in den Dienst des eigenen Unternehmens zu stellen. Aber eben in der Frage, wie diese Sphäre zu begrenzen ist, liegt erst das Problem, dessen Lösung wir nicht durch Aufstellung eines Grundsatzes, sondern nur durch mühevolle Kleinarbeit näher kommen können. So ist, wenn beim Abspenstigmachen der Angestellten der Interessenausgleich zu finden ist, zu berücksichtigen, daß den Interessen des Unternehmens an ihrer Erhaltung neben denen der Mitbewerber auch die der Arbeitnehmer selbst an ihrem Fortkommen gegenübersteht. In manchem ähnlich und doch mit anderer Betonung der Werte (mit stärkerer Betonung der Unternehmensinteressen) liegen die Dinge beim Problem des Geheimnisverrats verteilt. Die Fälle des sog. sklavischen Nachahmens endlich fordern eine grundsätzliche Auseinandersetzung mit den Sonderrechten auf dem Gebiet des Urheber-

---

[33] Vgl. dazu etwa RG. in JW. 1928, 1210.

[34] Das sind dieselben Bedenken, die man mit Recht auch der vom Reichsgericht längere Zeit hindurch verwendeten Formel von der „unzulässigen Aneignung eines mit Mühe und Kosten errungenen, fremden Arbeitsergebnisses" entgegengehalten hat. Vgl. die unten S. 30 Anm. 35 erwähnte Streitfrage.

rechts und gewerblichen Rechtsschutzes, deren Ziel, neben dem Schutz auch eine Schutzbegrenzung zu bringen, das Wettbewerbsrecht nicht leugnen darf, die aber doch daneben in gewisser Richtung aus dem Wettbewerbsrecht heraus ergänzungsbedürftig erscheinen[35].

Wir können nicht sämtliche Beispiele aufzählen. Aber wir können betonen, daß die Bestrebungen, dem Lauterkeitsgrundsatz andere unterzuordnen, schließlich zu der Erkenntnis führen müssen, daß es neben einer Reihe relativ kleiner Bereiche, für die die Grundsätze selbständig gefunden werden müssen, ein großes wettbewerbsrechtliches Gebiet gibt, für das der Versuch einheitlicher Betrachtung gewagt werden kann. Aus dreifacher Wurzel ist allenthalben für das Gebiet der Reklame die Geltung des Wahrheitsgrundsatzes erwachsen. Zwei Verboten der objektiven Irreleitung[36]: man soll nicht unwahres Günstiges über das eigene, nicht unwahres Mißgünstiges über das fremde Unternehmen verbreiten — tritt ein Verbot subjektiver Irreleitung gegenüber: man soll nicht den falschen Anschein erwecken, als ob die eigene Ware oder Leistung aus fremdem Unternehmen komme, man soll die Verwechslung vermeiden, die zur Ausnutzung fremder Werbekraft führt.

---

[35] Auf das schwierige Problem kann hier nur hingewiesen werden. Die Rechtsprechung des RG. ist keine ganz einheitliche. Nachdem durch einige Urteile (RGZ. 73, 294ff.; 88, 183ff.; 111, 254ff.; 115, 180ff.) die Gefahr der Aushöhlung der Sonderrechte durch § 1 UWG. nahegerückt war, wurde in RGZ. 120, 94ff. eine den Sonderrechten stärker Rechnung tragende Abgrenzung versucht. Ich glaube nicht, daß damit schon eine endgültige Lösung erreicht ist. Vgl. zu der Frage auch H. Isay: G. R. U. R. 1926, 83 253. Callmann zu § 1 Anm. 53ff. Rosenthal zu § 1 Note 55.

[36] Die Bezeichnungen objektive und subjektive Irreleitung lehnen sich an Kohlers Terminologie in Unlauterer Wettbewerb S. 104ff. an. Sie sollen in knapper Form die wettbewerbsrechtlichen Delikte der unwahren Reklame (§§ 3ff. UWG.), der Anschwärzung (§§ 14f. UWG.) und der Herbeiführung von Verwechslungen (des konfundierenden unlauteren Wettbewerbs; § 16 UWG.) charakterisieren.

Aus der Geltung des Wahrheitsgrundsatzes in dieser dreifachen Richtung erwachsen dem Juristen mannigfache Einzelaufgaben. Es sind teils gemeinsame: es sind der Sprachsinn, die Assoziationen, die im Publikum erweckt werden, die Möglichkeit des Bedeutungswandels von Worten zu untersuchen. Teils besondere, worunter der bei den Warenbezeichnungen mögliche Widerstreit zwischen Verkehrszurechnung und Registereintrag im Vordergrund steht[37].

Und ferner: es bewendet nicht beim Wahrheitsgrundsatz. Wir sehen in allen drei Verästelungen weitergehende Regeln sich an ihn anschließen. Die drei Normen sind wie breite Straßen in sonst unwegsamem Gelände; Straßen, deren auch die sich bedienen, deren Ziel mit der Richtung nur annähernd übereinstimmt. So sind an dem Verbot unwahrer Reklame für eigene Leistungen die Sätze erwachsen, die in gewissem Umfang unsachlich-demagogischem Einfluß zu steuern versuchen. Und der Forderung, die hier an den Inhalt der Reklame gestellt wird, gesellen sich Anforderungen an ihre Form, insofern der Kundenfang, das Anreißertum, das Ansprechen auf der Straße zu unlauteren Wettbewerbshandlungen werden[38]. — So lagern sich ferner um das Verbot der subjektiven Irreleitung weitere Sätze, die die Verwertung fremder Unternehmenskennzeichen auch dann verbieten, wenn keine Verwechslung, keine Unwahrheit mehr droht. Man darf nicht das fremde Warenzeichen „Aspirin" sich aneignen; man darf aber auch sein eigenes Fabrikat nicht als

---

[37] Diese Untersuchung war die Aufgabe, die ich mir in meiner Arbeit „Warenzeichen und unlauterer Wettbewerb" (Berlin 1929) gestellt habe. Sie nötigte, auch auf die Fragen der Prüfung des Sprachsinns und des Bedeutungswandels bei Warenbezeichnungen durch den Juristen einzugehen.

[38] Darüber schon KOHLER: Unlauterer Wettbewerb S. 104ff. Das heute wichtigste Beispiel ist die Blickfangreklame. Siehe darüber KG. in JW. 1931, 3131ff.

Ersatz für Aspirin anpreisen, wenn auch eine Irreführung über die Herkunft durch das Wort „Ersatz" ausgeschlossen sein mag[39]. Man würde sich zu Unrecht aus der Sphäre des Mitbewerbers einen Wert holen, als Vorspann für eigene Wettbewerbsleistungen. — Und endlich: es weitet sich das Verbot der Anschwärzung des Mitbewerbers zu dem Grundsatz, alle, auch wahre mißgünstige Äußerungen über den Mitbewerber zu unterlassen, soweit sie nicht sachlich geboten erscheinen. Man mag sachlich vergleichen; sich wehren gegen Übergriffe. Darüber hinaus ist kein Anlaß, den Mitbewerber zu tadeln, geschweige denn seine persönlichen, seine familiären Verhältnisse und seine Vorstrafen aufzudecken[40].

Ein letztes Gemeinsames bleibt noch zu betonen: es ist den Reklamefällen eigentümlich, daß den Interessen der Mitbewerber das des Publikums parallel geht. Indem man den Mitbewerbern die Sorge für die Reinhaltung des Reklamewesens in die Hand gibt, stellt man sie zugleich in den Dienst des Interesses der Allgemeinheit. Es ist der Punkt, der wieder und wieder dem Juristen vor Augen geführt werden muß, daß im Wettbewerbsrecht für ihn die heute so wichtige Möglichkeit liegt, für die Hygiene des Reklamewesens zu sorgen. Dem klagenden Mitbewerber und dem urteilenden Richter ist damit eine immer wachsende Aufgabe gestellt. Die Rechtsprechung dürfte, wenn nötig, nicht haltmachen selbst vor scheinbar wissenschaftlichen Gutachten, die in Wahrheit im Parteiinteresse geschrieben sind; sie müßte zurückführen zur Sauberkeit, zum Segen wahrer Wissenschaft.

Wir sind am Ende unserer Betrachtung angelangt. Und

---

[39] Siehe für Aspirin RG. in JW. 1926, 46ff.; der Grundsatz selbst kommt in der führenden Entscheidung (RGZ. 86, 123ff.) noch deutlicher zum Ausdruck.

[40] Vgl. dazu etwa RGZ. 115, 416ff. und zu der Frage der sog. „persönlichen Reklame" RGZ. 116, 277ff.

wenn ich ausging vom Präjudiziensystem und seinen Gefahren, so ziemt es mir, noch an ein weises Wort zu erinnern, an das Wort, das Karl Heinsheimer in seiner Rede über lebendiges Recht geprägt hat, die Gefahren tunlichst zu bannen. Präjudizien sind nur „Überzeugungsgründe", nicht „Geltungsgründe der von ihnen anerkannten Rechtsnormen." Man soll sich unter Vermeidung starrer Bindungen mit ihrem Gehalt auseinandersetzen. Die Formel wird, wenn sie befolgt wird, uns vor der Erstarrung der Rechtsentwicklung schützen und es wird unter den Faktoren des Werdens auch die rechtswissenschaftliche Arbeit ihren bedeutsamen Platz haben. Hierbei mitzuschaffen im Dienste des Rechts sei das Gelöbnis dieser für mich so denkwürdigen Stunde, in der ich es als Geschenk und Aufgabe mir vor Augen halten darf, daß diese Arbeit an der Ruperto-Carola ihre Stätte hat.

Warenzeichen und unlauterer Wettbewerb in ihrer Fortbildung durch die Rechtsprechung. Von Dr. jur. **Eugen Ulmer,** Privatdozent an der Universität Tübingen. („Rechtsvergleichende Abhandlungen", Bd. 5.) III, 120 Seiten. 1929. RM 10.50

Urheber- und Erfinderrecht. Von Dr. **Philipp Allfeld,** Geh. Rat, Professor an der Universität Erlangen. („Enzyklopädie der Rechts- und Staatswissenschaft", Bd. 14.) Zweite, mehrfach veränderte und erweiterte Auflage. V, 31 Seiten. 1929. RM 2.80

Der internationale Rechtsschutz der Patente, Muster, Warenzeichen und des Wettbewerbes. Mit Erläuterungen von Dr. **Albert Marck,** Patentanwalt in Berlin. VIII, 130 Seiten. 1924. RM 4.80

Die Patentanmeldung und die Bedeutung ihres Wortlauts für den Patentschutz. Ein Handbuch für Nachsucher und Inhaber deutscher Reichspatente. Von Dr. phil. **Heinrich Teudt,** Regierungsrat im Reichs-Patentamt. Dritte, umgearbeitete Auflage. Mit 14 Textfiguren, Beispielen und Auszügen aus den einschlägigen Entscheidungen. VII, 110 Seiten. 1931. Gebunden RM 6.60

Die Patentrecherche. Wegweiser zur Ermittlung deutscher und ausländischer Patentschutzrechte und zur Feststellung der den Exporthandel schädigenden Scheinpatente. Von **M. Thomescheit,** Berlin. VIII, 145 Seiten. 1914. RM 5.—

Die sowjetrussischen Verordnungen über Patente und gewerbliche Muster von 1924 nebst Auslegungsbeschlüssen. Ins Deutsche übersetzt und bearbeitet von Dipl.-Ing. **F. Neubauer,** Patentanwalt, und Dipl.-Ing. **O. Serafinowicz,** Ing.-Technolog. VI, 62 Seiten. 1926. Gebunden RM 5.70

Erfindung und Nachahmung. Beiträge zu deren Tatbestandsanalyse als Grundlage des Rechtsschutzes. Von **Richard Wirth.** III, 265 Seiten. 1914. RM 6.—; gebunden RM 7.50

Das Wesen der Erfindung. Ein Weg zu ihrer Erkenntnis und rechten Darstellung. Von **R. Müller-Liebenau,** Geh. Regierungsrat und Ober-Regierungsrat, Regierungsbaumeister a. D. Mit 10 Textabbildungen. XXI, 261 Seiten. 1924. RM 9.—; gebunden RM 11.—

GPSR Compliance

The European Union's (EU) General Product Safety Regulation (GPSR) is a set of rules that requires consumer products to be safe and our obligations to ensure this.

If you have any concerns about our products, you can contact us on ProductSafety@springernature.com

In case Publisher is established outside the EU, the EU authorized representative is:

Springer Nature Customer Service Center GmbH
Europaplatz 3
69115 Heidelberg, Germany

Batch number: 10844655

Printed by Printforce, the Netherlands